Impressum
Verlag: BABADADA GmbH, Nedderfeld 112 , 22529 Hamburg
Geschäftsführer / Verlagsleitung: Harald Hof
Druck: Books on Demand GmbH, In de Tarpen 42, 22848 Norderstedt

Imprint
Publisher: BABADADA GmbH, Nedderfeld 112 , 22529 Hamburg, Germany
Managing Director / Publishing direction: Harald Hof
Print: Books on Demand GmbH, In de Tarpen 42, 22848 Norderstedt

okul
skole

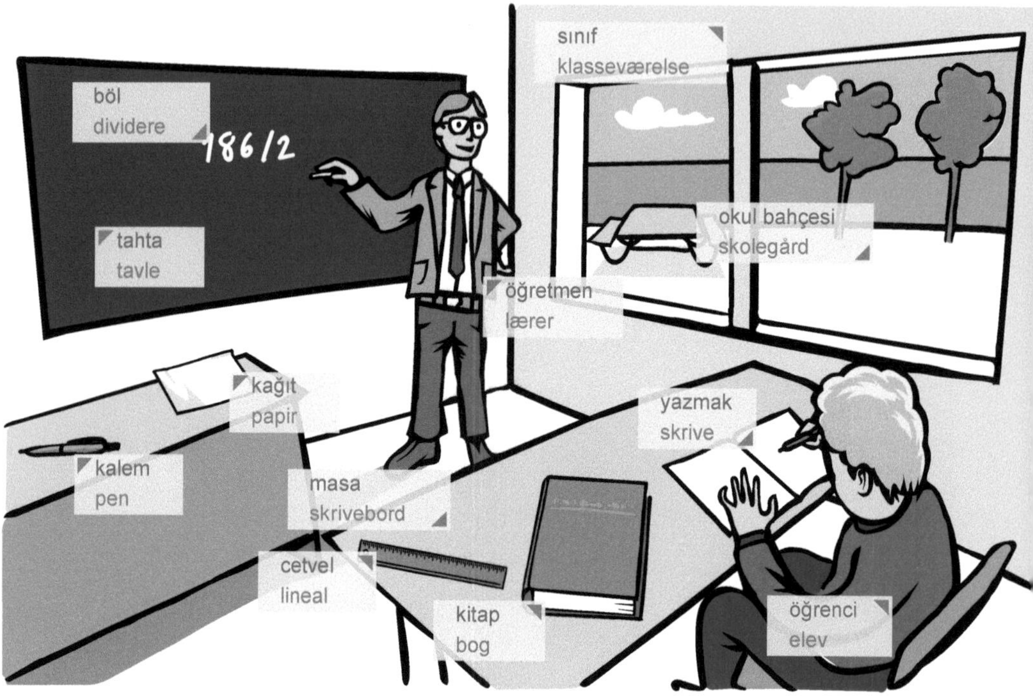

sınıf
klasseværelse
böl
dividere
186/2
tahta
tavle
okul bahçesi
skolegård
öğretmen
lærer
kağıt
papir
yazmak
skrive
kalem
pen
masa
skrivebord
cetvel
lineal
kitap
bog
öğrenci
elev

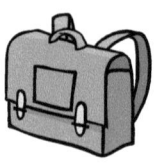

okul çantası
skoletaske

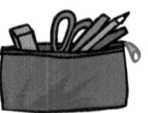

kalemlik
penalhus

kurşun kalem
blyant

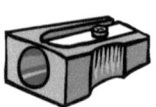

kalem açacağı
blyantspidser

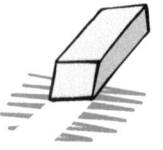

silgi
viskelæder

çizim defteri
tegneblok

çizim
tegning

resim fırçası
pensel

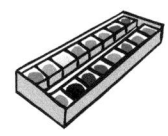

boya kutusu
æske med vandfarver

makas
saks

tutkal
lim

alıştırma kitabı
opgavehefte

ödev
lektie

sayı
tal

2+2

ekle
addere

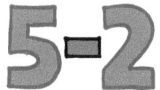

çıkar
subtrahere

çarp
multiplicere

hesapla
regne

harf
bogstav

ABCDEFG
HIJKLMN
OPQRSTU
VWXYZ

alfabe
alfabet

kelime
ord

metin
tekst

okumak
læse

tebeşir
kridt

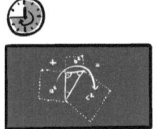

ders
time

kayıt
klasseprotokol

sınav
eksamen

sertifika
karakterbog

okul forması
skoleuniform

eğitim
uddannelse

ansiklopedi
leksikon

üniversite
universitet

mikroskop
mikroskop

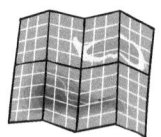

harita
kort

kağıt çöp kutusu
papirkurv

seyahat
rejse

otel
hotel
Grand
pansiyon
herberg
ROOMS
döviz bürosu
vekselkontor
CHANGE
bavul
kuffert
otomobil
bil

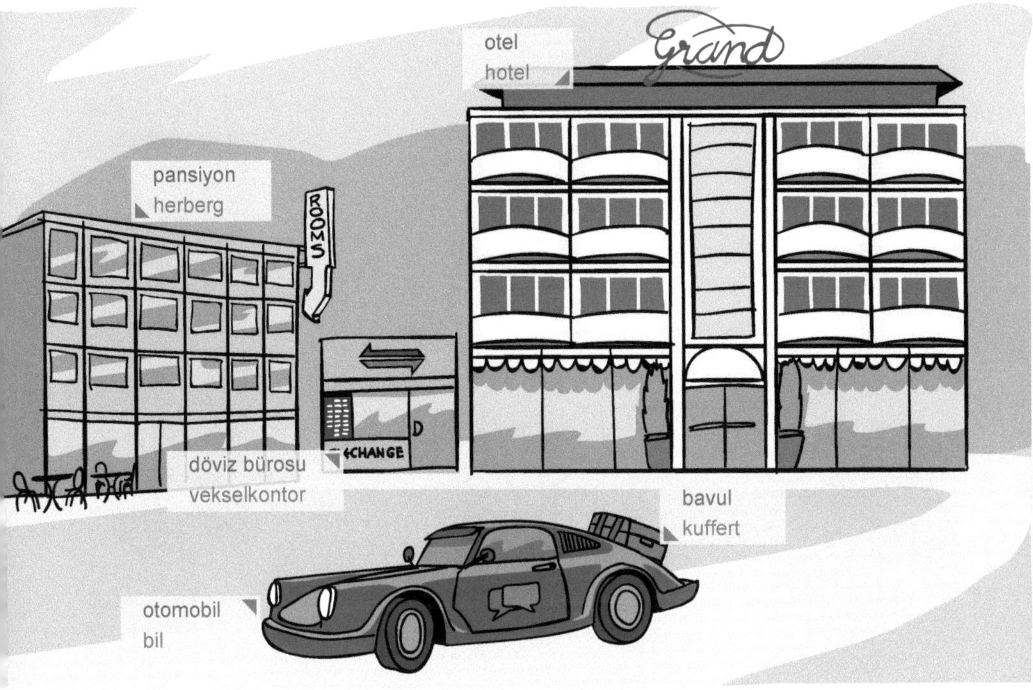

dil
sprog

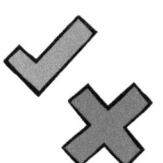

evet / hayır
ja / nej

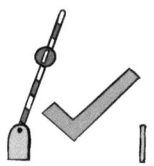

Tamam
okay

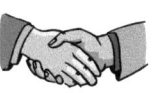

merhaba
hej

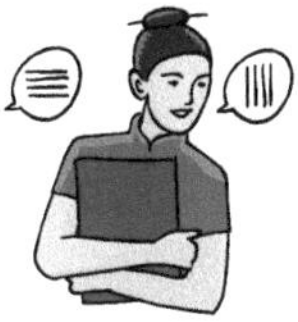

çevirmen
oversætter

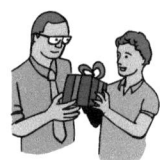

Teşekkür ederim
tak

bu … ne kadar?

hvad koster…?

anlamadım

Jeg forstår ikke

problem

problem

İyi akşamlar!

God aften!

Günaydın!

God morgen!

İyi geceler!

God nat!

güle güle

farvel

yön

retning

bagaj

bagage

çanta

taske

sırt çantası

rygsæk

misafir

gæst

oda

værelse

uyku tulumu

sovepose

çadır

telt

turist danışma

turistinformation

sahil

strand

kredi kartı

kreditkort

kahvaltı

morgenmad

öğle yemeği

middagsmad

akşam yemeği

aftensmad

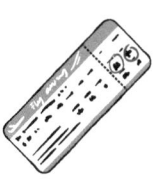

Bilet

billet

asansör

elevator

pul

frimærke

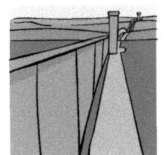

sınır

grænse

gümrük

told

elçilik

ambassade

vize

visum

pasaport

pas

ulaşım
transport

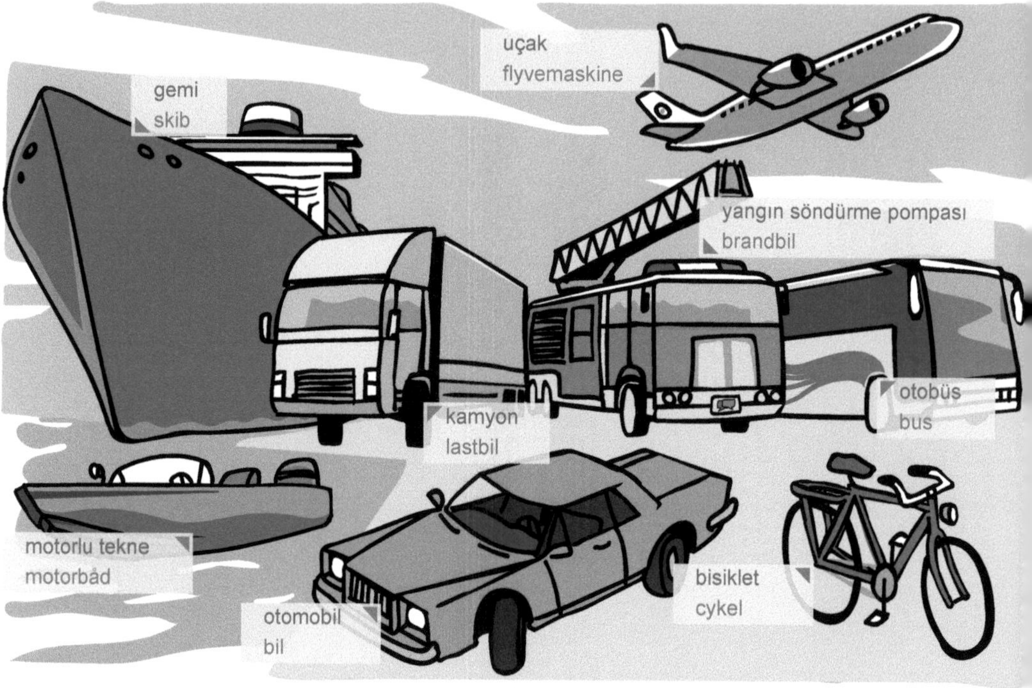
uçak
flyvemaskine
gemi
skib
yangın söndürme pompası
brandbil
kamyon
lastbil
otobüs
bus
motorlu tekne
motorbåd
bisiklet
cykel
otomobil
bil

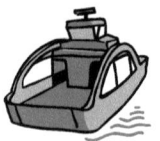

feribot

færge

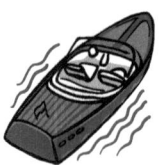

bot

båd

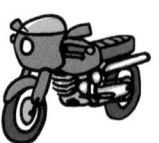

motosiklet

motorcykel

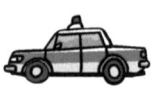

polis arabası

politibil

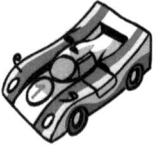

yarış arabası

racerbil

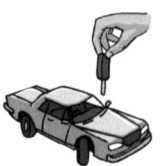

kiralık araba

lejebil

ortak araba

samkørsel

çekici

kranbil

çöp kamyonu

skraldebil

motor

motor

yakıt

benzin

benzinlik

tankstation

trafik işareti

trafikskilt

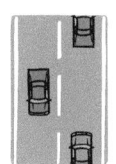

trafik

trafik

trafik sıkışıklığı

trafikprop

otopark

parkeringsplads

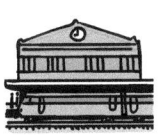

tren istasyonu

banegård

ray

skinner

tren

tog

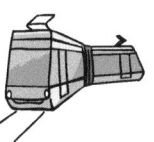

tramvay

sporvogn

vagon

wagon

helikopter
helikopter

havaalanı
lufthavn

kule
tårn

yolcu
passager

konteyner
container

koli
karton

yük arabası
kærre

sepet
kurv

kalkış / iniş
starte / lande

köy
landsby

şehir merkezi
bymidte

ev
hus

sinema
biograf

reklam
reklame

sokak lambası
gadelygte

CINEMA

sokak
gade

taksi
taxi

büfe
kiosk

yaya yolu
fodgænger

kaldırım
fortov

yaya geçidi
fodgængerovergang

çöp kutusu
skraldespand

kavşak
kryds

trafik ışığı
lyskurv

kulübe
hytte

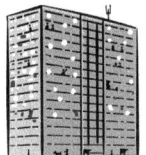

apartman dairesi
lejlighed

tren istasyonu
banegård

belediye binası
rådhus

müze
museum

okul
skole

üniversite

universitet

banka

bank

hastane

sygehus

otel

hotel

eczane

apotek

ofis

kontor

kitapçı

boghandel

mağaza

butik

çiçekçi

blomsterbutik

süpermarket

supermarked

market

marked

büyük mağaza

stormagasin

balık satıcısı

fiskehandler

alışveriş merkezi

butikscenter

liman

havn

park
park

bank
bænk

köprü
bro

merdiven
trappe

metro
undergrundsbane

tünel
tunnel

otobüs durağı
busstoppested

bar
barnevogn

restoran
restaurant

posta kutusu
postkasse

sokak tabelası
vejskilt

otopark sayacı
parkometer

hayvanat bahçesi
zoo

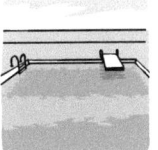

yüzme havuzu
badeanstalt

cami
moske

çiftlik
bondegård

kirlilik
miljøforurening

mezarlık
kirkegård

kilise
kirke

oyun alanı
legeplads

tapınak
tempel

arazi
landskab

yaprak
blad

yön tabelası
vejviser

yol
vej

çayır
eng

taş
sten

ağaç
træ

yürüyüşçü
vandrer

ırmak
flod

çimen
græs

çiçek
blomst

vadi
dal

tepe
bjerg

göl
sø

orman
skov

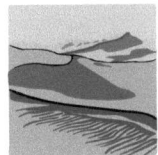

çöl
ørken

volkan
vulkan

kale
slot

gökkuşağı
regnbue

mantar
svamp

palmiye
palme

sivrisinek
moskito

sinek
flue

karınca
myre

arı
bi

örümcek
edderkop

böcek

bille

kurbağa

frø

sincap

egern

kirpi

pindsvin

yabani tavşan

hare

baykuş

ugle

kuş

fugl

kuğu

svane

yaban domuzu

vildsvin

geyik

hjort

geyik

elg

baraj

dæmning

rüzgar türbini

vindmølle

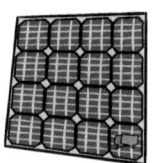

güneş paneli

solcellemodul

iklim

klima

restoran
restaurant

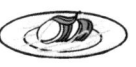

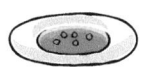

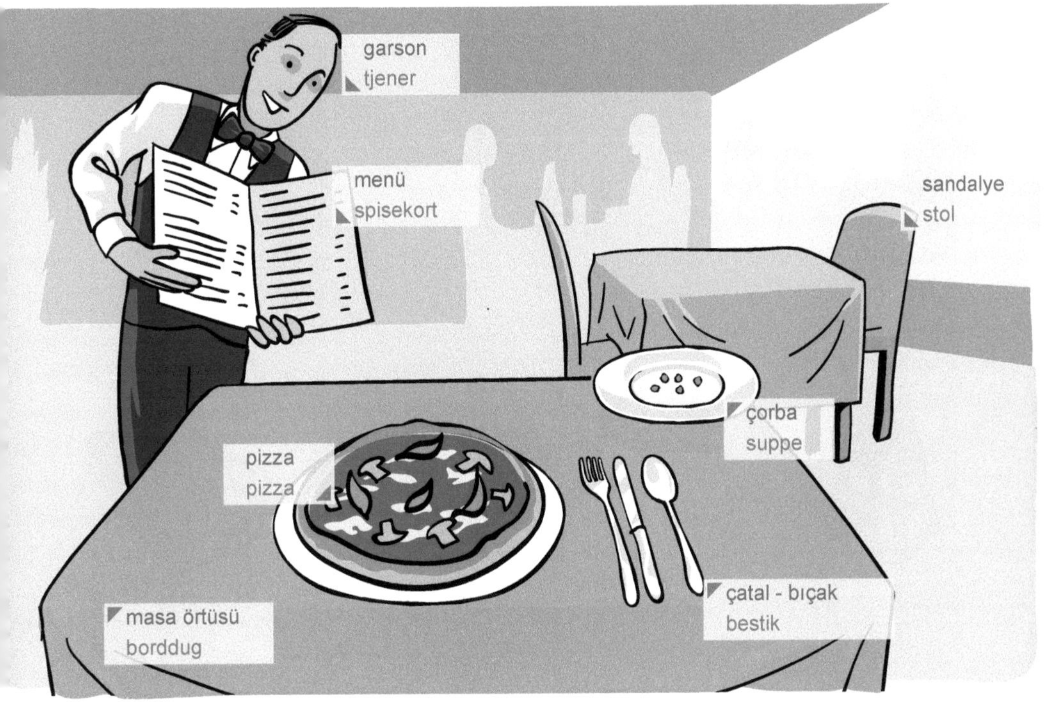
garson
tjener
menü
spisekort
sandalye
stol
çorba
suppe
pizza
pizza
çatal - bıçak
bestik
masa örtüsü
borddug

başlangıç
forret

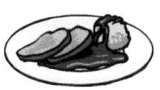

ana yemek
hovedret

tatlı
dessert

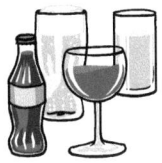

içecekler
drikkevarer

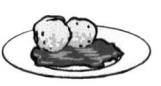

yemek
mad

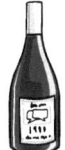

şişe
flaske

fastfood

fastfood

sokak yemeği

streetfood

çaydanlık

tekande

şekerlik

sukkerdåse

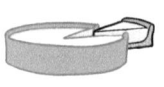

porsiyon

portion

espresso makinesi

espressomaskine

mama sandalyesi

barnestol

fatura

faktura

tepsi

tablet

bıçak

kniv

çatal

gaffel

kaşık

ske

çay kaşığı

teske

servis peçetesi

serviet

bardak

glas

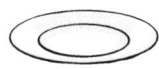

tabak
tallerken

çorba kasesi
dyb tallerken

fincan altlığı
underkop

sos
sovs

tuzluk
saltbøsse

karabiber değirmeni
peberkværn

sirke
eddike

yağ
olie

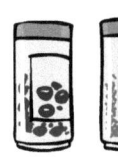

baharat
krydderier

ketçap
ketchup

hardal
sennep

mayonez
mayonnaise

süpermarket
supermarked

özel teklif
tilbud
FOR
müşteri
kunde
süt ürünleri
mælkeprodukter
meyve
frugt
alışveriş arabası
indkøbsvogn

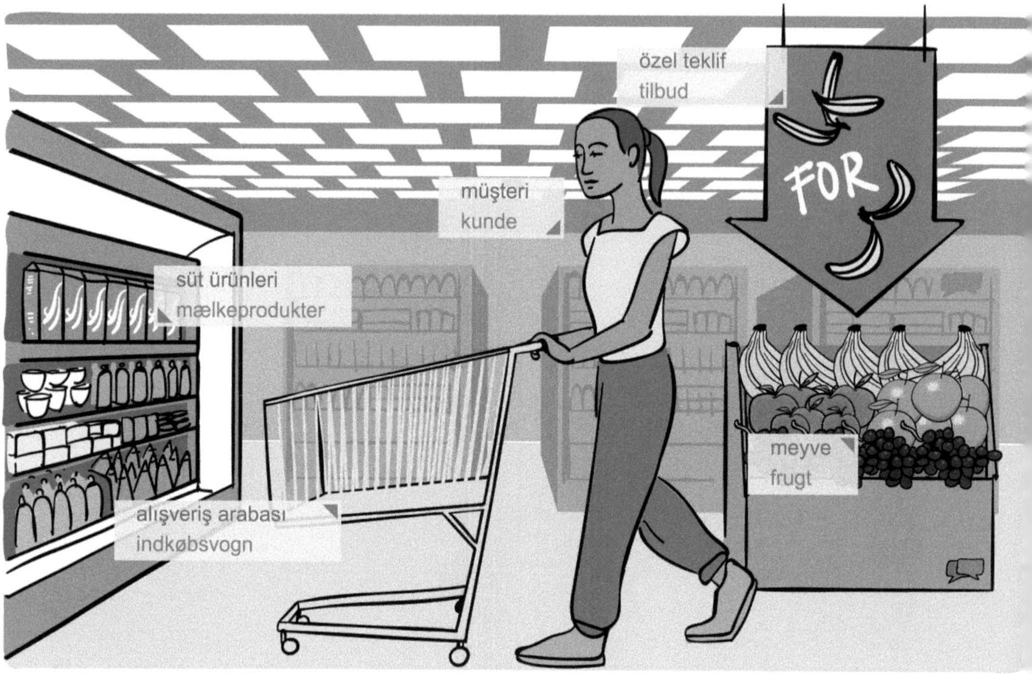

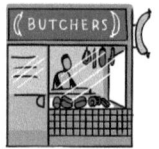

BUTCHERS

kasap

slagter

BAKERY

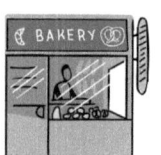

fırın

bageri

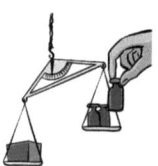

tartmak

veje

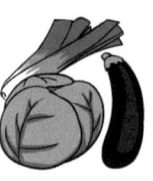

sebze

grøntsager

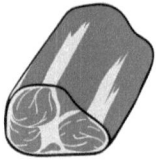

et

kød

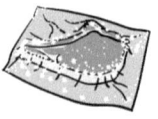

donmuş gıda

frostvarer

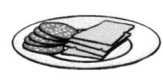

söğüş et

pålæg

konserve yiyecek

konserves

toz deterjan

vaskemiddel

şekerlemeler

slik

ev temizlik ürünleri

husholdningsvarer

temizlik ürünleri

rengøringsmidler

satış görevlisi

ekspedient

yazar kasa

kasse

kasiyer

kasserer

alışveriş listesi

indkøbsliste

açılış saatleri

åbningstider

cüzdan

tegnebog

kredi kartı

kreditkort

çanta

taske

plastik poşet

plasticpose

su
vand

meyve suyu
saft

süt
mælk

kola
cola

şarap
vin

bira
øl

alkol
alkohol

kakao
kakao

çay
te

kahve
kaffe

espresso
espresso

kapuçino
cappuccino

muz

banan

elma

æble

portakal

appelsin

kavun

melon

limon

citron

havuç

gulerod

sarımsak

hvidløg

bambu

bambus

soğan

løg

mantar

svamp

çerez

nødder

makarna

nudler

spagetti

spaghetti

pirinç

ris

salata

salat

cips

pomfritter

patates kızartması

stegte kartofler

pizza

pizza

hamburger

hamburger

sandviç

sandwich

şinitzel

schnitzel

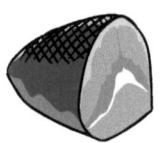

pastırma

skinke

salam

salami

sosis

pølse

tavuk

kylling

rosto

steg

balık

fisk

yulaf ezmesi

havregryn

müsli

mysli

mısır gevreği

cornflakes

un

mel

kruvasan

croissant

küçük ekmek

rundstykke

ekmek

brød

tost

toast

bisküvi

kiks

tereyağı

smør

kaymak

kvark

kek

kage

yumurta

æg

sahanda yumurta

spejlæg

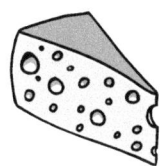

peynir

ost

dondurma

is

şeker

sukker

bal

honning

reçel

marmelade

fındık ezmesi

nougat-creme

köri

karry

yemek - mad

çiftlik
bondegård

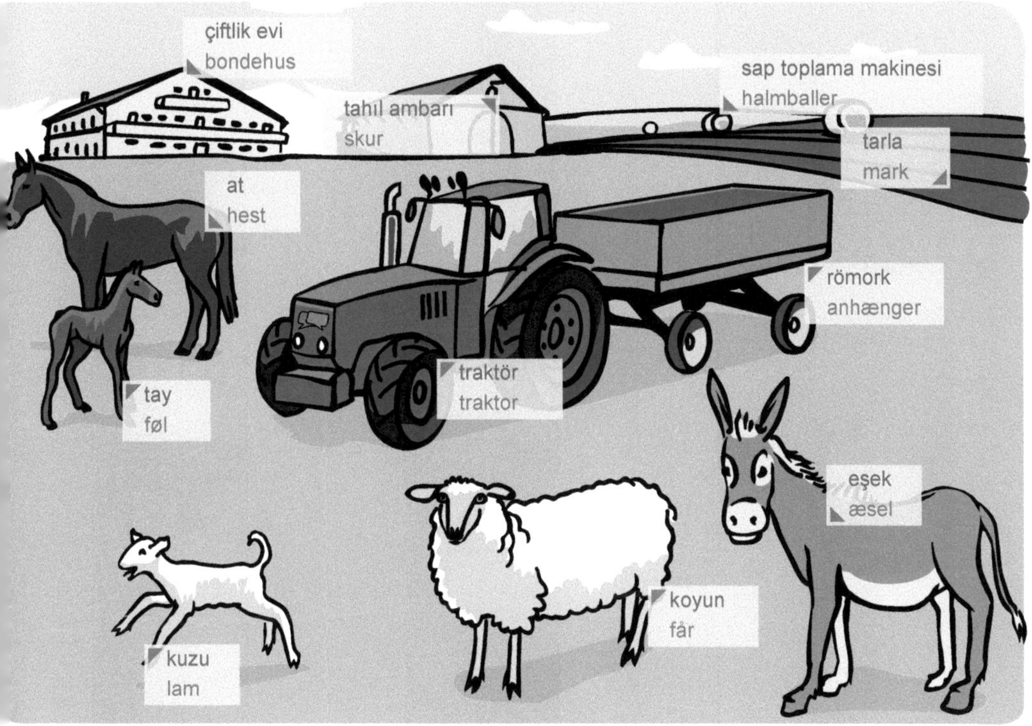
çiftlik evi
bondehus
tahıl ambarı
skur
sap toplama makinesi
halmballer
tarla
mark
at
hest
römork
anhænger
traktör
traktor
tay
føl
eşek
æsel
koyun
får
kuzu
lam

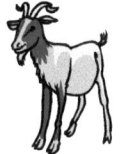

keçi
ged

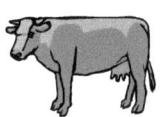

inek
ko

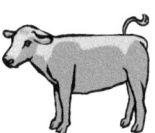

buzağı
kalv

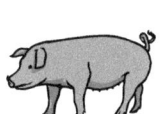

domuz
svin

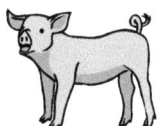

domuz yavrusu
gris

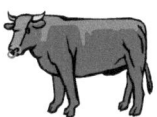

boğa
tyr

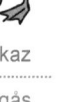

kaz
gås

ördek
and

civciv
kylling

tavuk
høne

horoz
hane

sıçan
rotte

kedi
kat

fare
mus

öküz
okse

köpek
hund

köpek kulübesi
hundehus

bahçe hortumu
haveslange

sulama kabı
vandkande

tırpan
le

pulluk
plov

orak
segl

çapa
hakkejern

dirgen
møggreb

balta
økse

el arabası
trillebør

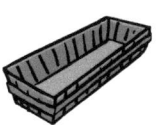

yemlik
trug

süt kovası
mælkekande

çuval
sæk

çit
hæk

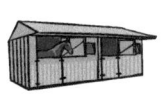

ahır
stald

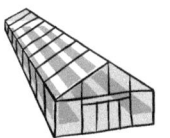

sera
drivhus

toprak
jord

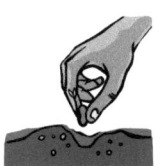

tohum
frø

gübre
gødning

biçerdöver
mejetærsker

hasat etmek

høste

harman

høst

tatlı patates

yams

buğday

hvede

soya

soja

patates

kartoffel

mısır

majs

kolza

raps

meyve ağacı

frugttræ

manyok

maniok

hububat

korn

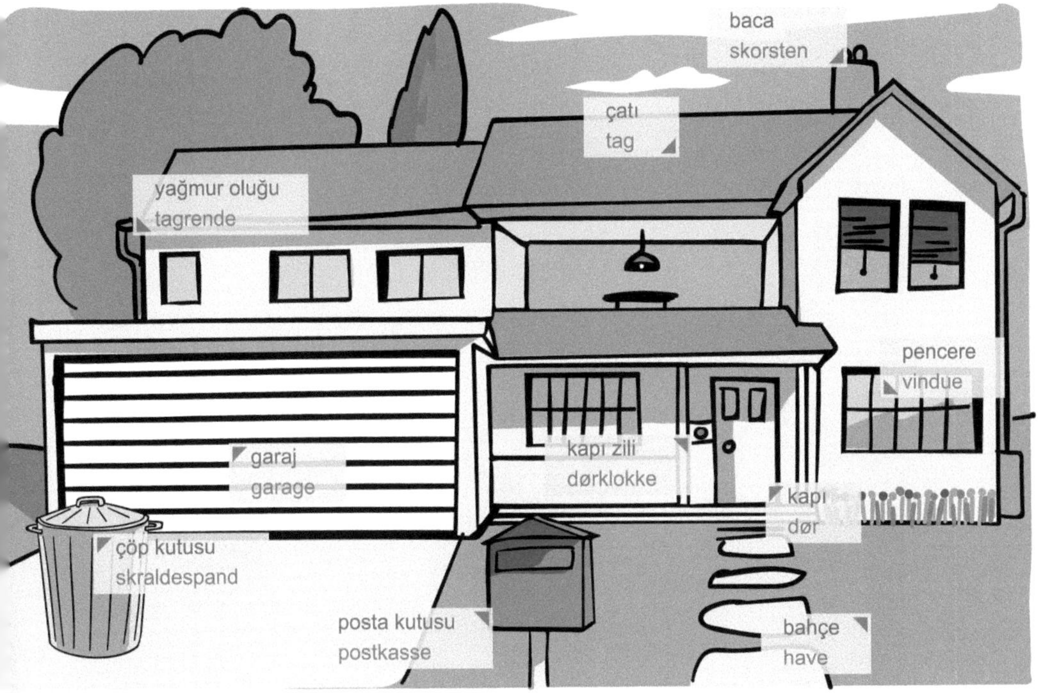

baca
skorsten

çatı
tag

yağmur oluğu
tagrende

pencere
vindue

garaj
garage

kapı zili
dørklokke

kapı
dør

çöp kutusu
skraldespand

posta kutusu
postkasse

bahçe
have

oturma odası
stue

banyo
badeværelse

mutfak
køkken

yatak odası
soveværelse

çocuk odası
børneværelse

yemek odası
spisestue

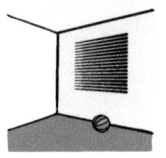

zemin
gulv

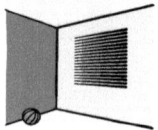

duvar
væg

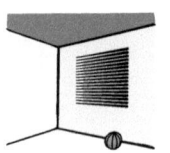

tavan
loft

kiler
kælder

sauna
sauna

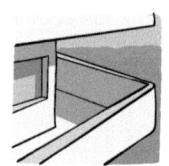

balkon
altan

teras
terrasse

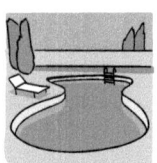

havuz
svømmehal

çim biçme makinesi
plæneklipper

çarşaf
dynebetræk

yatak örtüsü
dyne

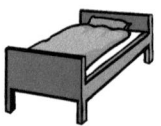

yatak
seng

süpürge
kost

kova
spand

anahtar
kontakt

oturma odası

stue

duvar kağıdı
tapet
resim
billede
lamba
lampe
raf
reol
dolap
skab
televizyon
fjernsyn
şömine
pejs
çiçek
blomst
minder
pude
kanepe
sofa
vazo
vase
uzaktan kumanda
fjernbetjening

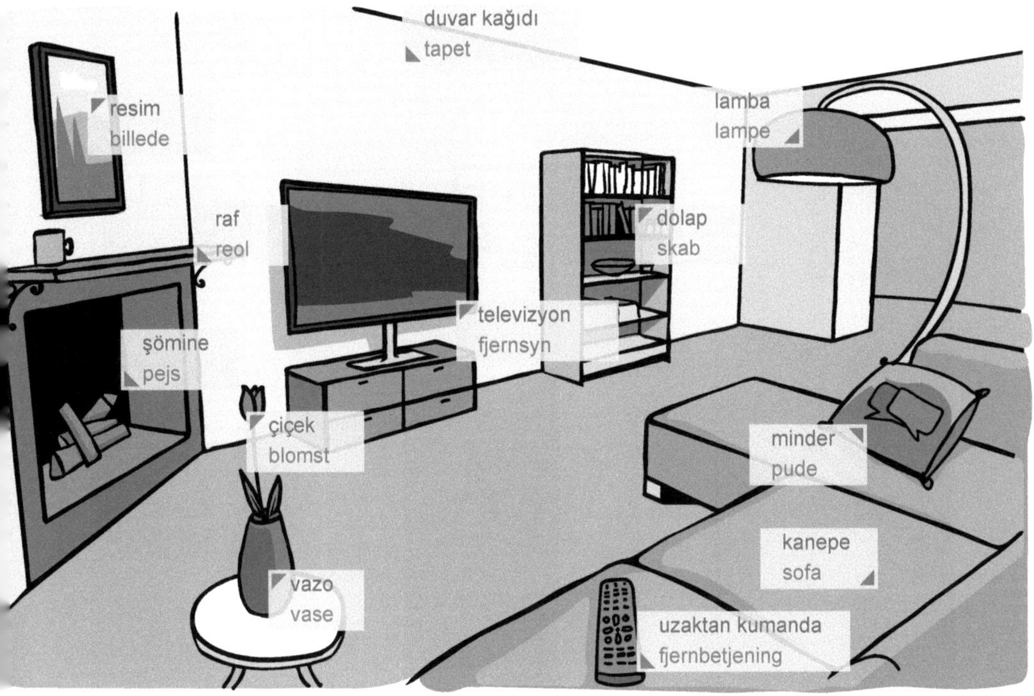

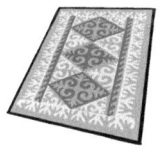

halı

gulvtæppe

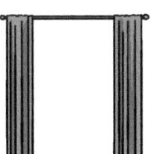

perde

gardin

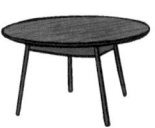

masa

bord

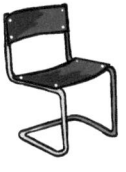

sandalye

stol

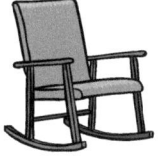

salıncaklı koltuk

gyngestol

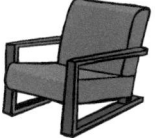

koltuk

lænestol

kitap

bog

battaniye

tæppe

dekor

dekoration

odun

brænde

film

film

hi-fi

stereoanlæg

anahtar

nøgle

gazete

avis

tablo

maleri

poster

plakat

radyo

radio

defter

notesblok

elektrikli süpürge

støvsuger

kaktüs

kaktus

mum

lys

mutfak
køkken

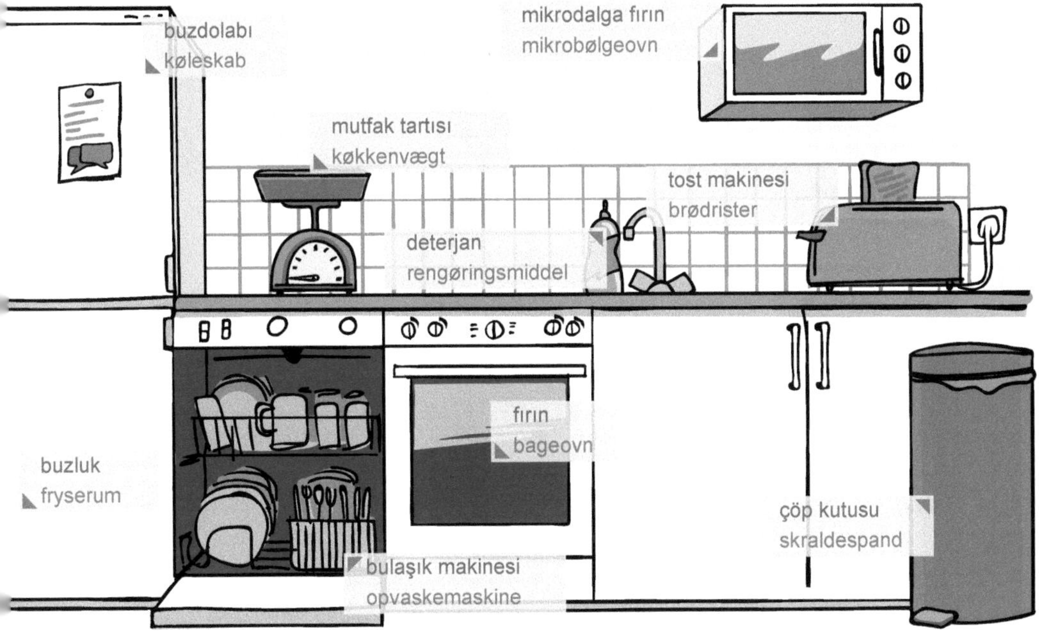
buzdolabı
køleskab
mikrodalga fırın
mikrobølgeovn
mutfak tartısı
køkkenvægt
tost makinesi
brødrister
deterjan
rengøringsmiddel
fırın
bageovn
buzluk
fryserum
çöp kutusu
skraldespand
bulaşık makinesi
opvaskemaskine

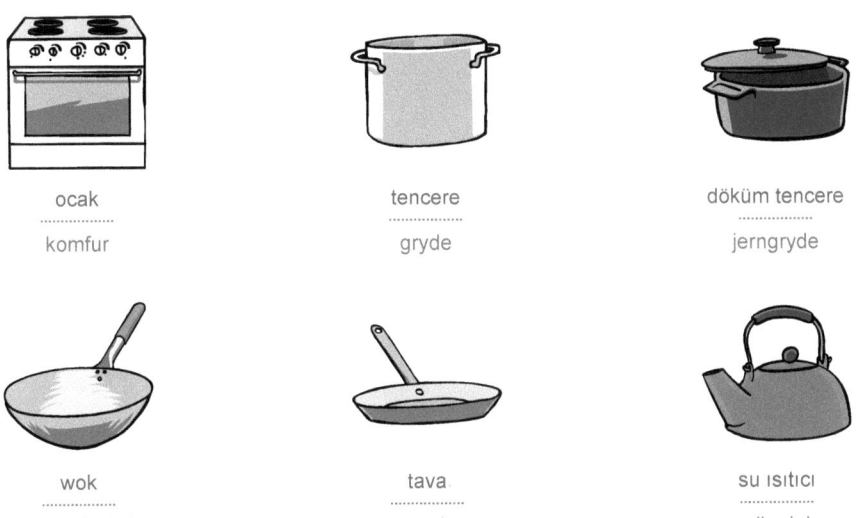

ocak
komfur

tencere
gryde

döküm tencere
jerngryde

wok
wok / kadai

tava
pande

su ısıtıcı
elkedel

buharlı pişirici

dampkoger

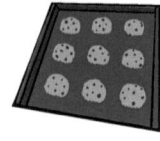

pişirme tepsisi

bageplade

tabak takımı

service

kupa

bæger

kase

skål

çubuk (çin yemeği)

spisepinde

kepçe

øseske

spatula

paletkniv

çırpma teli

piskeris

süzgeç

dørslag

elek

si

rende

rive

havan

morter

barbekü

grille

açık ateş

ildsted

kesme tahtası

skærebræt

merdane

kagerulle

tirbüşon

proptrækker

konserve kutusu

dåse

konserve açacağı

dåseåbner

fırın eldiveni

grydelap

evye

køkkenvask

fırça

børste

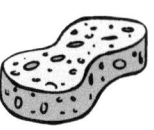

sünger

svamp

blender

blender

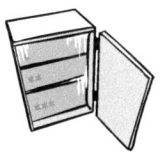

derin dondurucu

dybfryser

biberon

sutteflaske

musluk

vandhane

mutfak - køkken

banyo
badeværelse

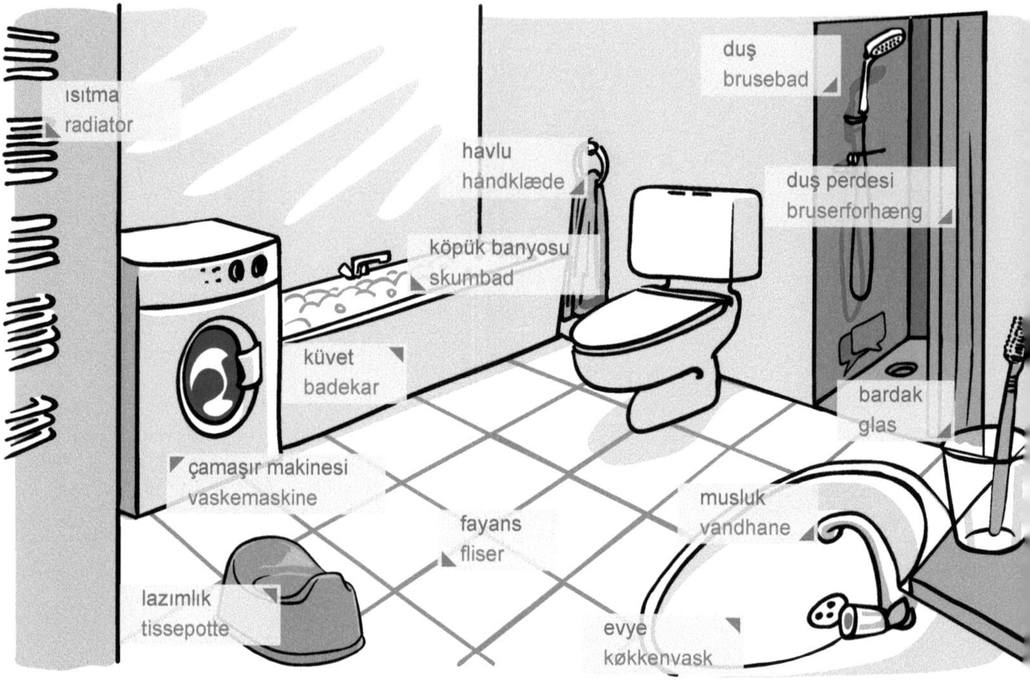

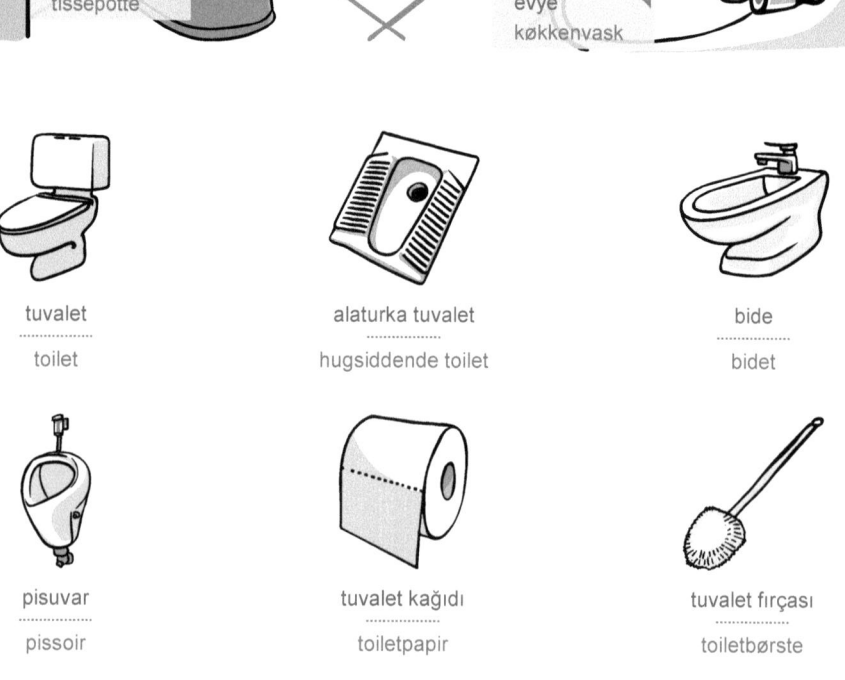

ısıtma
radiator
duş
brusebad
havlu
håndklæde
duş perdesi
bruserforhæng
köpük banyosu
skumbad
küvet
badekar
bardak
glas
çamaşır makinesi
vaskemaskine
musluk
vandhane
fayans
fliser
lazımlık
tissepotte
evye
køkkenvask

tuvalet
toilet

alaturka tuvalet
hugsiddende toilet

bide
bidet

pisuvar
pissoir

tuvalet kağıdı
toiletpapir

tuvalet fırçası
toiletbørste

diş fırçası

tandbørste

diş macunu

tandpasta

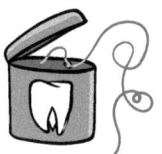

diş ipi

tandtråd

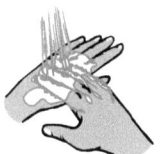

yıkamak

vaske

duş başlığı

håndbruser

duş başlığı şeklinde taharet musluğu

intimbruser

küvet

vaskefad

banyo fırçası

badebørste

sabun

sæbe

duş jeli

brusegele

şampuan

shampoo

banyo lifi

vaskeklud

gider

afløb

krem

creme

deodorant

deodorant

ayna

spejl

el aynası

kosmetikspejl

jilet

barberhøvl

tıraş köpüğü

barberskum

tıraş losyonu

barbervand

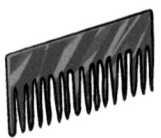

tarak

kam

fırça

børste

saç kurutma makinesi

hårtørrer

saç spreyi

hårspray

makyaj

makeup

ruj

læbestift

tırnak cilası

neglelak

pamuk

vat

tırnak makası

neglesaks

parfüm

parfume

makyaj çantası

toilettaske

tabure

skammel

tartı

vægt

bornoz

badekåbe

lastik eldiven

gummihandsker

tampon

tampon

kadın pedi

damebind

kimyevi tuvalet

kemisk toilet

çocuk odası
børneværelse

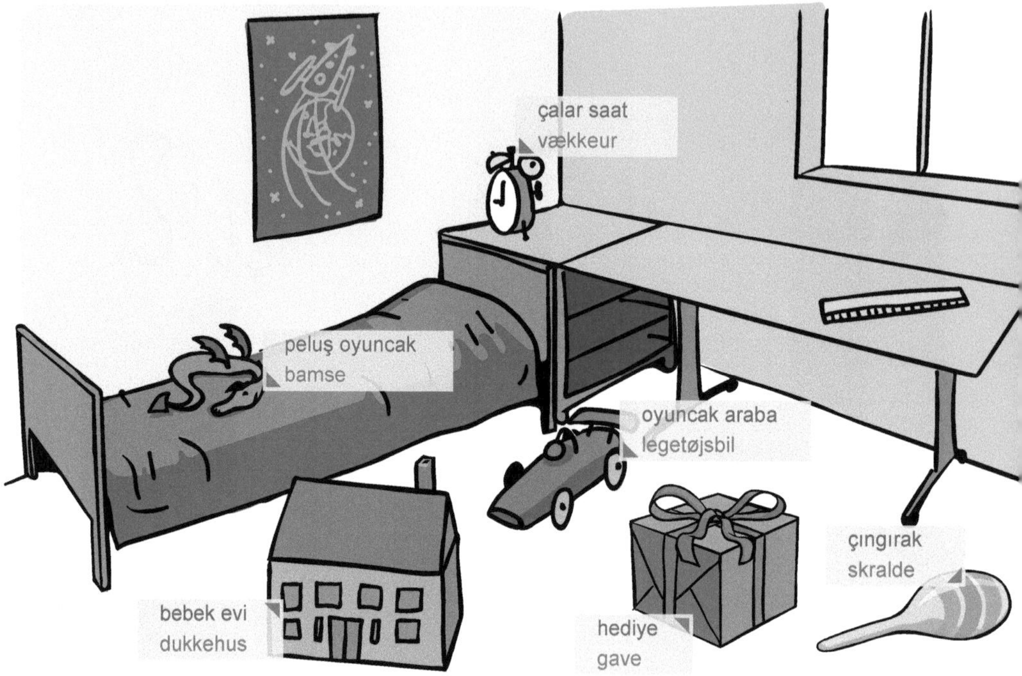

çalar saat
vækkeur
peluş oyuncak
bamse
oyuncak araba
legetøjsbil
çıngırak
skralde
bebek evi
dukkehus
hediye
gave

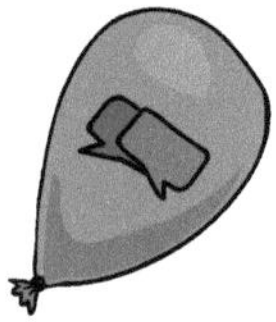

balon

ballon

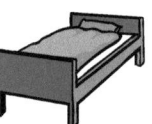

yatak

seng

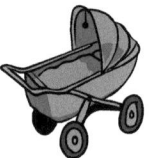

bebek arabası

barnevogn

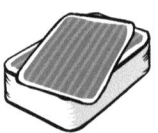

kart destesi

kortspil

yapboz

puslespil

SUPER
MEGA

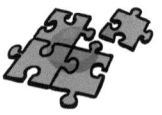

çizgi roman

tegneserie

lego tuğlaları
legoklodser

lego blokları
byggeklodser

aksiyon figürü
action figur

zıbın
sparkedragt

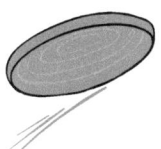

frizbi
frisbee

dönence
uro

masa oyunu
brætspil

zar
terning

model tren seti
modeljernbane

emzik
sut

parti
fest

resimli kitap
billedbog

top
bold

oyuncak bebek
dukke

oynamak
lege

kum havuzu

sandkasse

salıncak

gynge

oyuncaklar

legetøj

video oyun konsolu

spillekonsol

üç tekerlekli bisiklet

trehjulet cykel

oyuncak ayı

bamse

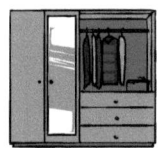

gardırop

klædeskab

kıyafet

tøj

çorap

sokker

külotlu çorap

strømper

tayt

strømpebukser

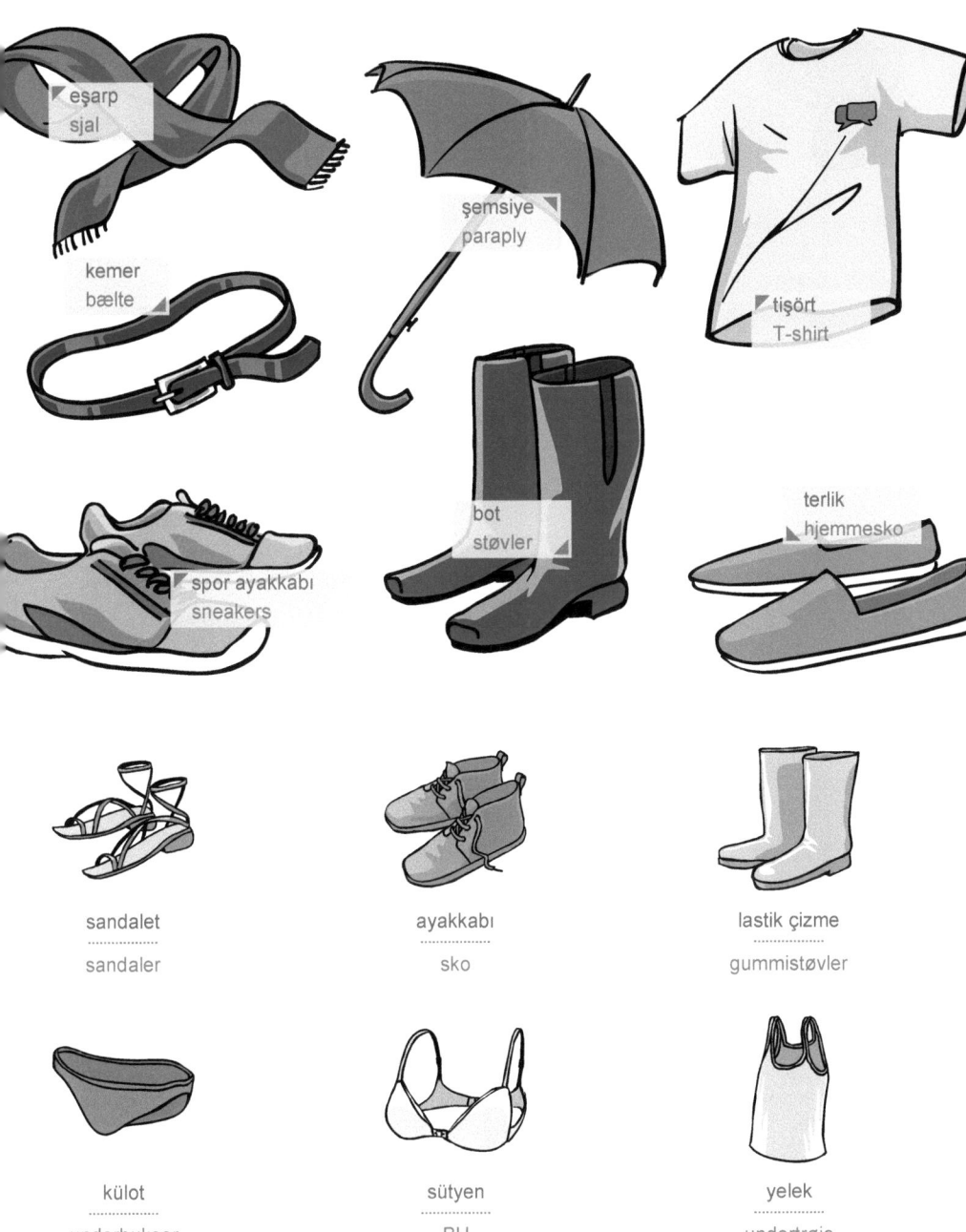

eşarp
sjal

şemsiye
paraply

kemer
bælte

tişört
T-shirt

bot
støvler

terlik
hjemmesko

spor ayakkabı
sneakers

sandalet
sandaler

ayakkabı
sko

lastik çizme
gummistøvler

külot
underbukser

sütyen
BH

yelek
undertrøje

kıyafet - tøj

dar bluz

body

pantolon

bukser

kot pantolon

jeans

etek

nederdel

bluz

bluse

gömlek

skjorte

kazak

pullover

süveter

sweatshirt

blazer

blazer

ceket

jakke

mont

frakke

yağmurluk

regnfrakke

kostüm

kostume

elbise

kjole

gelinlik

brudekjole

takım elbise

jakkesæt

gecelik

nattrøje

pijama

pyjamas

sari

sari

baş örtüsü

hovedtørklæde

türban

turban

burka

burka

kaftan

kaftan

çarşaf

abaya

mayo

badedragt

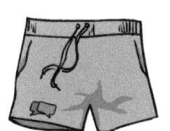

erkek mayosu

badebukser

şort

korte bukser

eşofman

træningsdragt

önlük

forklæde

eldiven

handsker

düğme

knap

gözlük

briller

bilezik

armbånd

kolye

kæde

yüzük

ring

küpe

ørering

kep

hue

portmanto

bøjle

şapka

hat

kravat

slips

fermuar

lynlås

kask

hjelm

pantolon askısı

seler

okul forması

skoleuniform

üniforma

uniform

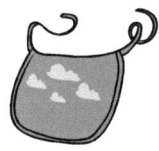

mama önlüğü

hagesmæk

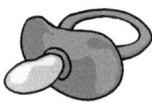

emzik

sut

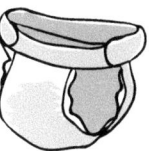

bebek bezi

ble

ofis

kontor

sunucu
server
dosya dolabı
arkivskab
kağıt
papir
yazıcı
printer
monitör
skærm
fare
mus
masa
skrivebord
klasör
mappe
klavye
tastatur
kağıt çöp kutusu
papirkurv
bilgisayar
computer
sandalye
stol

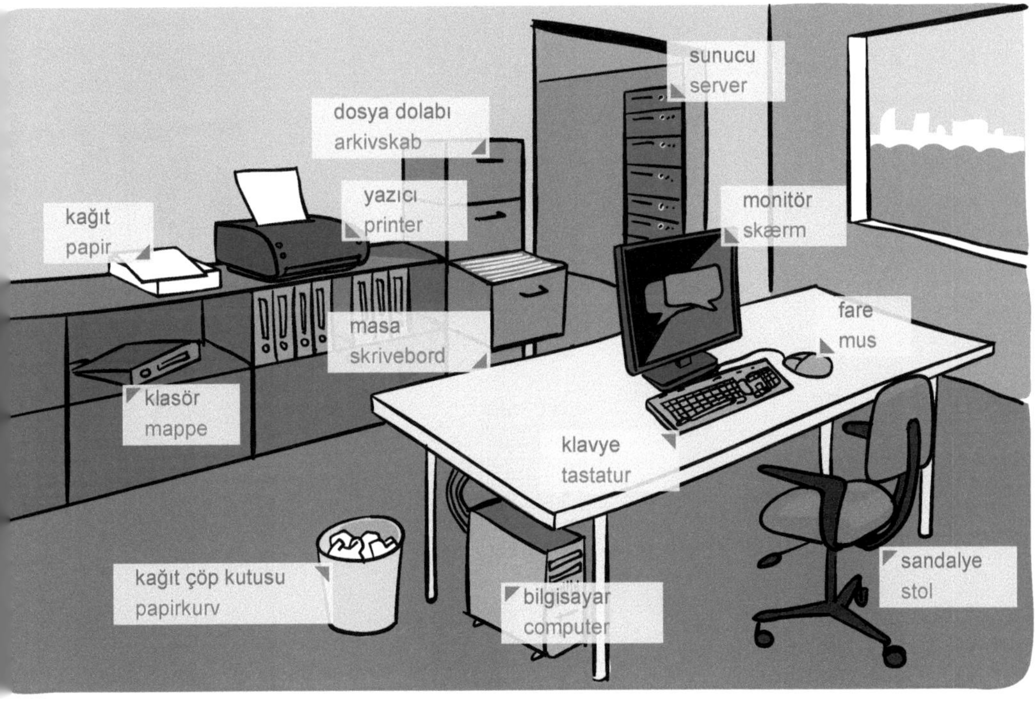

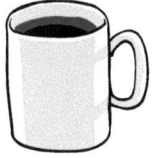

kahve fincanı

kaffekrus

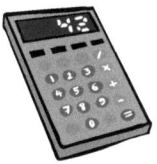

hesap makinesi

lommeregner

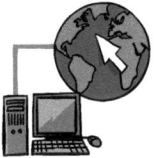

internet

internet

dizüstü	mektup	mesaj
bærbar	brev	besked

cep telefonu	ağ	fotokopi makinesi
mobil	netværk	kopimaskine

yazılım	telefon	priz
software	telefon	stikdåse

	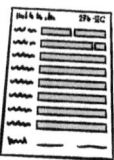	
faks makinesi	form	belge
fax	formular	dokument

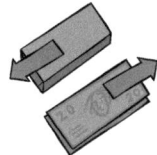
satın almak
købe

ödemek
betale

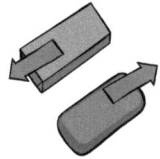
ticaret yapmak
handle

para
penge

dolar
dollar

avro
euro

yen
yen

ruble
rubel

İsviçre frangı
schweizerfranc

Çin yuanı
renminbi yuan

rupi
rupee

kasa
hæveautomat

döviz bürosu

vekselkontor

altın

guld

gümüş

sølv

petrol

olie

enerji

energi

fiyat

pris

kontrat

kontrakt

vergi

skat

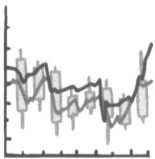

menkul değer

aktie

çalışmak

arbejde

işveren

ansat

işçi

arbejdsgiver

fabrika

fabrik

mağaza

butik

meslekler

erhverv

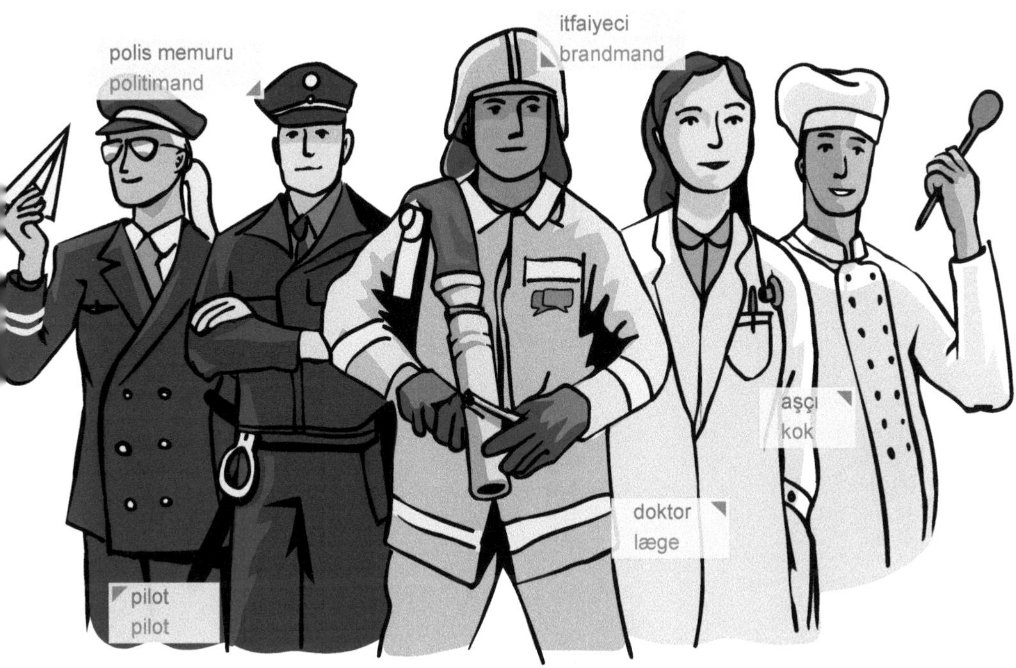

polis memuru
politimand
itfaiyeci
brandmand
aşçı
kok
doktor
læge
pilot
pilot

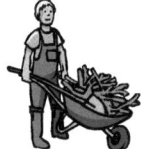

bahçıvan

gartner

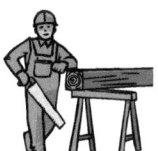

marangoz

tømrer

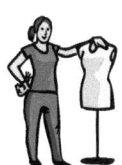

terzi

syerske

hakim

dommer

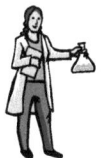

kimyager

kemiker

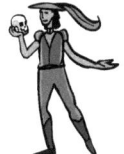

aktör

skuespiller

otobüs şoförü

buschauffør

taksi şoförü

taxachauffør

balıkçı

fisker

temizlikçi

rengøringskone

çatı ustası

tagdækker

garson

tjener

avcı

jæger

boyacı

maler

fırıncı

bager

elektrikçi

elektriker

inşaatçı

bygningsarbejder

mühendis

ingeniør

kasap

slagter

muslukçu

vvs-mand

postacı

postbud

asker

soldat

mimar

arkitekt

kasiyer

kasserer

çiçekçi

blomsterhandler

kuaför

frisør

kondüktör

togfører

tamirci

mekaniker

kaptan

kaptajn

dişçi

tandlæge

bilim insanı

videnskabsmand

haham

rabbiner

imam

imam

keşiş

munk

rahip

præst

aletler
værktøj

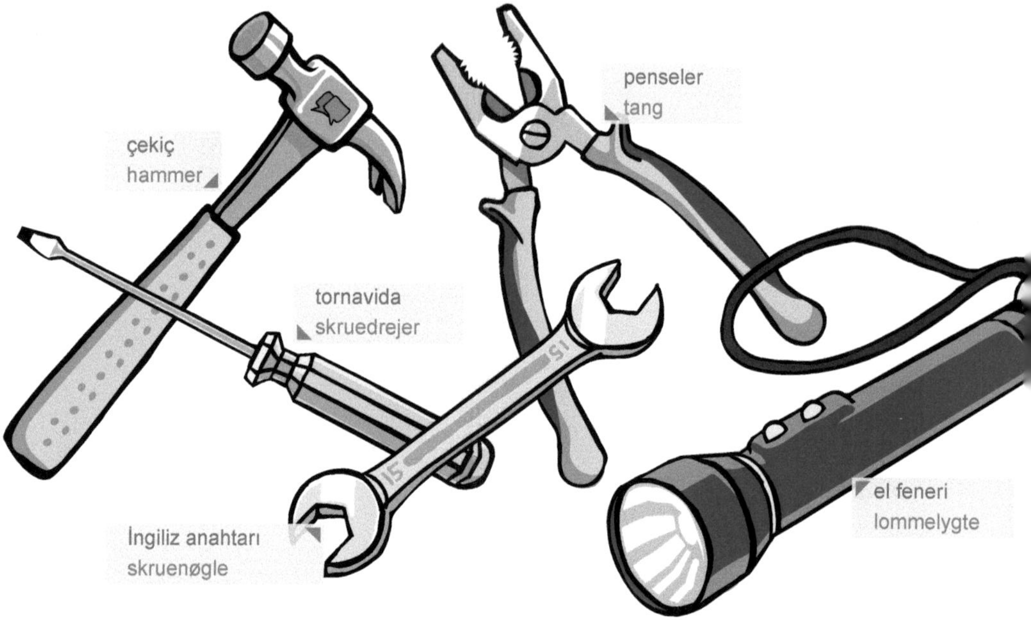

penseler
tang
çekiç
hammer
tornavida
skruedrejer
el feneri
lommelygte
İngiliz anahtarı
skruenøgle

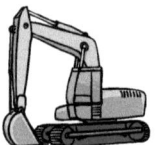

kazı makinesi

gravemaskine

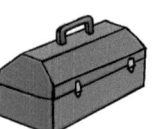

alet çantası

værktøjskasse

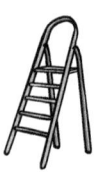

merdiven

stige

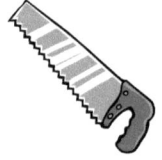

testere

sav

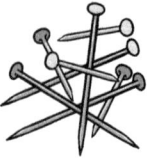

çiviler

søm

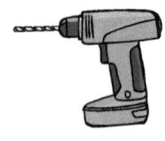

matkap

bor

tamir etmek
reparere

kürek
skovl

Kahretsin!
Lort!

faraş
fejebakke

boya tenekesi
malerspand

vidalar
skruer

müzik enstrümanı
musikinstrumenter

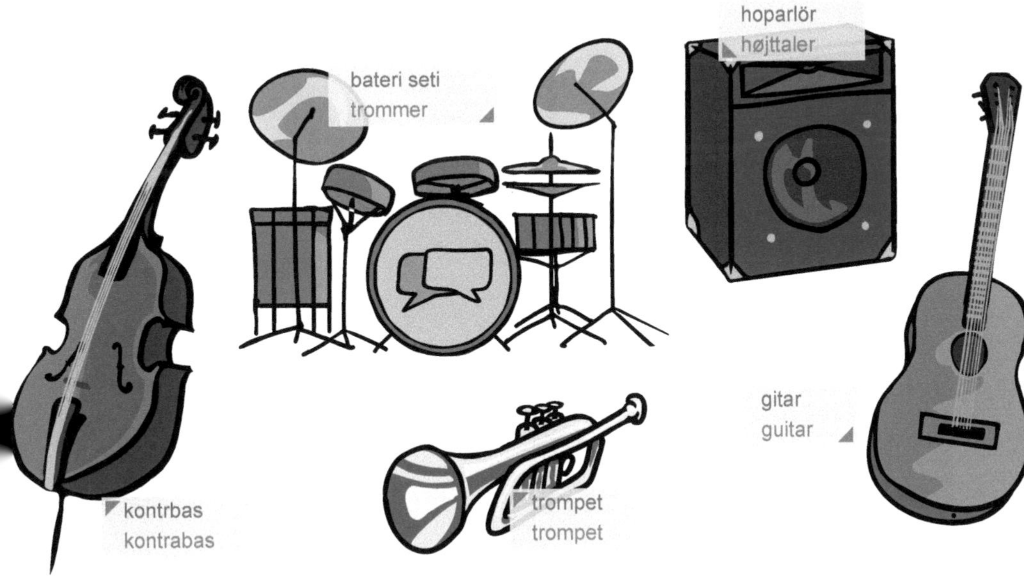

hoparlör
højttaler

bateri seti
trommer

kontrbas
kontrabas

trompet
trompet

gitar
guitar

piyano

klaver

keman

violin

basgitar

bas

timpani

pauke

bateri

tromme

klavye

keyboard

saksafon

saxofon

flüt

fløjte

mikrofon

mikrofon

hayvanat bahçesi

zoo

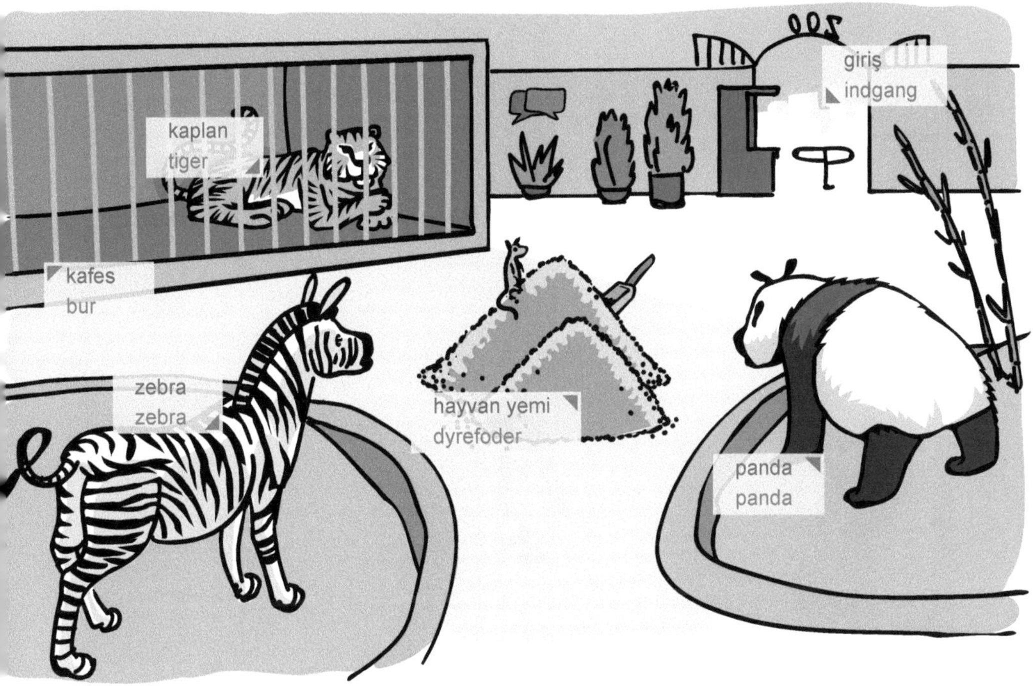

giriş
indgang
kaplan
tiger
kafes
bur
zebra
zebra
hayvan yemi
dyrefoder
panda
panda

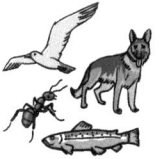

hayvanlar

dyr

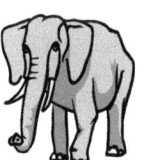

fil

elefant

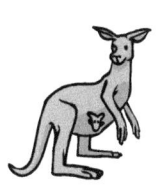

kanguru

kænguru

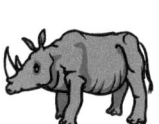

gergedan

næsehorn

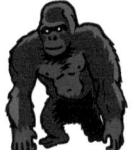

goril

gorilla

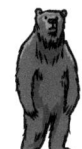

ayı

bjørn

deve
kamel

deve kuşu
struds

aslan
løve

maymun
abe

flamingo
flamingo

papağan
papegøje

kutup ayısı
isbjørn

penguen
pingvin

köpek balığı
haj

tavus kuşu
påfugl

yılan
slange

timsah
krokodille

hayvanat bahçesi görevlisi
dyrepasser

fok
sæl

jaguar
jaguar

midilli atı

pony

leopar

leopard

su aygırı

flodhest

zürafa

giraf

kartal

ørn

yaban domuzu

vildsvin

balık

fisk

kaplumbağa

skildpadde

mors

hvalros

tilki

ræv

ceylan

gazelle

amerikan futbolu
amerikansk football

bisiklete binme
cykling

tenis
tennis

basketbol
basketball

yüzme
svømning

boks
boksning

buz hokeyi
ishockey

futbol
fodbold

badminton
badminton

atletizm
atletik

hentbol
håndbold

kayak
skiløb

polo
polo

atlamak
springe

sarılmak
give et knus

gülmek
grine

söylemek
synge

yürümek
gå

dua etmek
bede

öpmek
kysse

hayal etmek
drømme

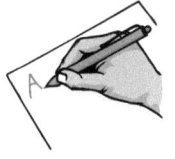

yazmak
skrive

çizmek
tegne

göstermek
vise

itmek
skubbe

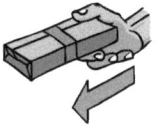

vermek
give

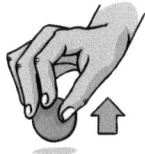

almak
tage

sahip olmak

have

yapmak

gøre

olmak

være

ayakta durmak

stå

koşmak

løbe

çekmek

trække

atmak

kaste

düşmek

falde

yalan söylemek

ligge

beklemek

vente

taşımak

bære

oturmak

sidde

giyinmek

tage på

uyumak

sove

uyanmak

vågne

bakmak

se på

ağlamak

græde

vurmak

ae

taramak

kæmme

konuşmak

tale

anlamak

forstå

sormak

spørge

dinlemek

høre

içmek

drikke

yemek

spise

düzenlemek

rydde op

sevmek

elske

pişirmek

koge

sürmek

køre

uçmak

flyve

denize açılmak
sejle

hesapla
regne

okumak
læse

öğrenmek
lære

çalışmak
arbejde

evlenmek
gifte sig med

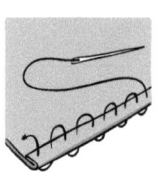

dikmek
sy

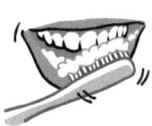

diş fırçalamak
børste tænder

öldürmek
dræbe

sigara içmek
ryge

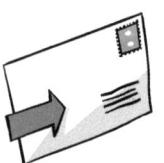

yollamak
sende

büyükanne
bedstemor

büyükbaba
bedstefar

baba
far

anne
mor

bebek
baby

kız
datter

oğul
søn

misafir

gæst

teyze

tante

amca

onkel

erkek kardeş

bror

kız kardeş

søster

vücut

krop

alın
pande
göz
øje
yüz
ansigt
çene
hage
göğüs
bryst
parmak
finger
el
hånd
kol
arm
omuz
skulder
bacak
ben

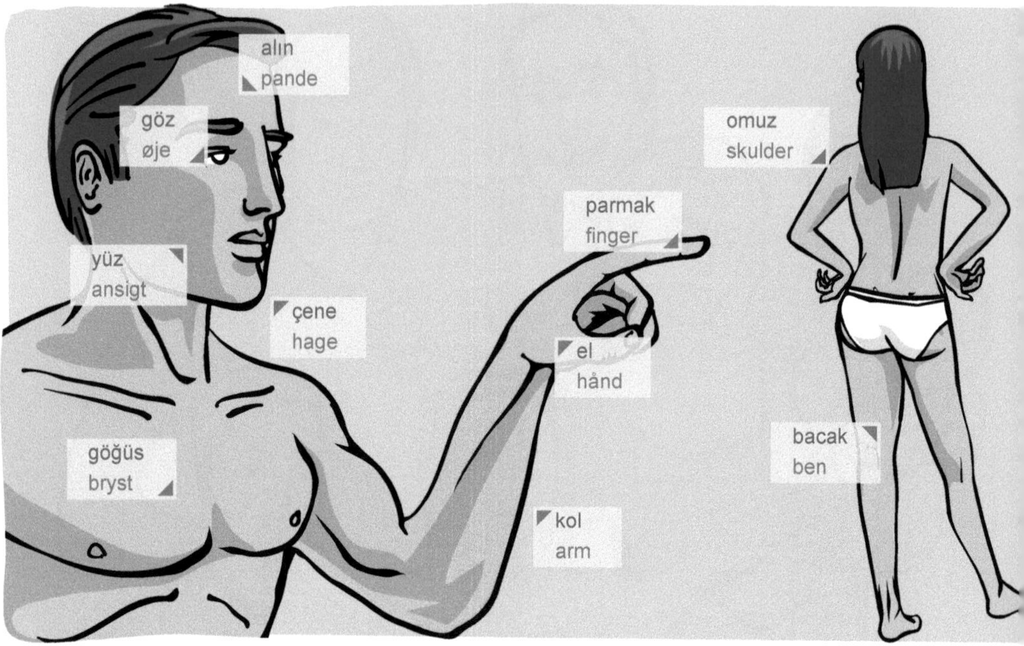

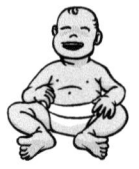

bebek

baby

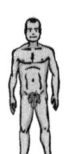

adam

mand

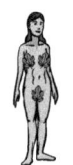

kadın

kvinde

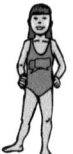

kız

pige

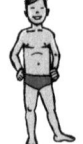

erkek çocuk

dreng

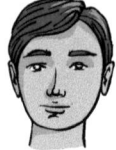

baş

hoved

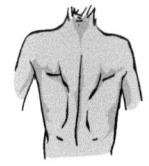

sırt
ryg

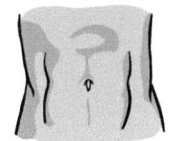

karın
mave

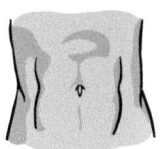

göbek
navle

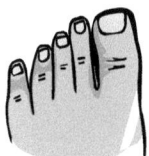

ayak parmağı
tå

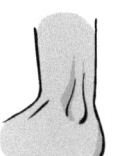

topuk
hæl

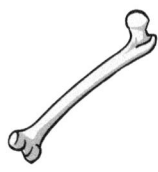

kemik
knogle

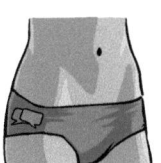

kalça
hofte

diz
knæ

dirsek
albue

burun
næse

kalça
bagdel

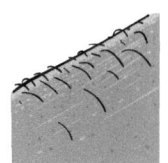

deri
hud

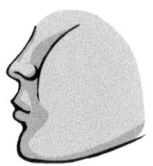

yanak
kind

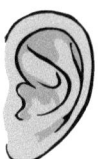

kulak
øre

dudak
læbe

ağız

mund

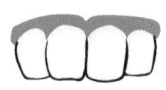

diş

tand

dil

tunge

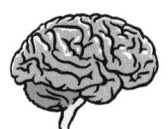

beyin

hjerne

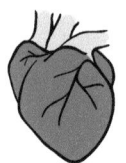

kalp

hjerte

kas

muskel

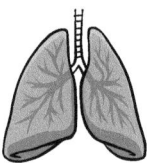

akciğer

lunge

karaciğer

lever

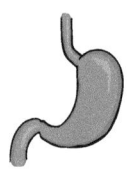

mide

mavesæk

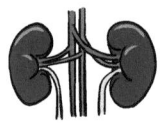

böbrekler

nyrer

seks

sex

prezervatif

kondom

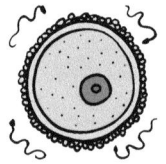

yumurtalık

ægcelle

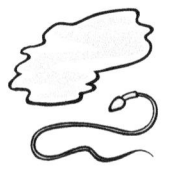

sperm

sperm

hamilelik

svangerskab

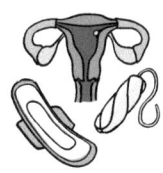

regl

menstruation

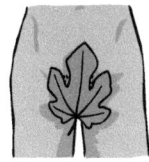

vajina

vagina

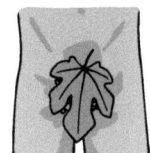

penis

penis

kaş

øjenbryn

saç

hår

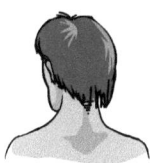

boyun

hals

hastane
sygehus

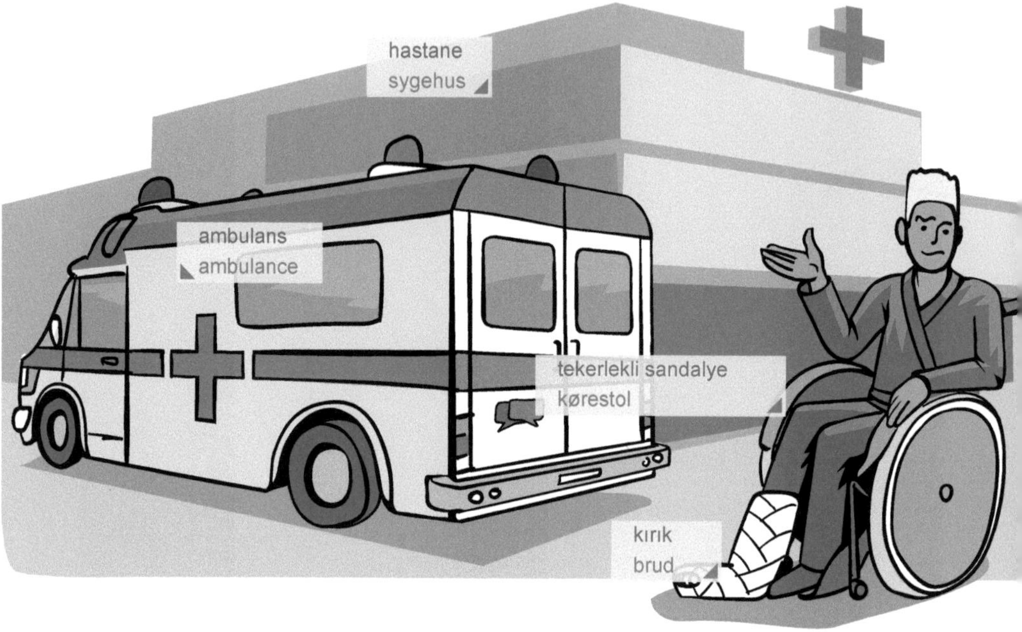

hastane
sygehus
ambulans
ambulance
tekerlekli sandalye
kørestol
kırık
brud

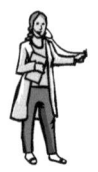

doktor

læge

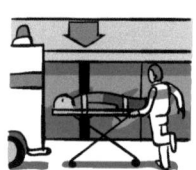

acil servis

akutmodtagelse

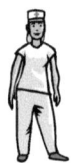

hemşire

sygeplejerske

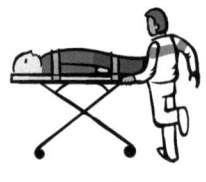

acil

nødstilfælde

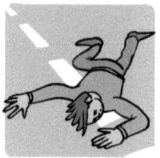

baygın

bevidstløs

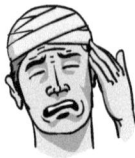

acı

smerte

yaralanma

skade

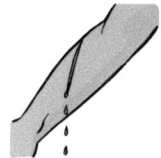

kanama

blødning

kalp krizi

hjerteinfarkt

felç

slagtilfælde

alerji

allergi

öksürük

hoste

ateş

feber

grip

influenza

ishal

diarré

baş ağrısı

hovedpine

kanser

kræft

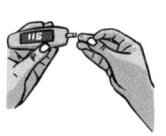

şeker hastalığı

diabetes

cerrah

kirurg

neşter

skalpel

operasyon

operation

bilgisayarlı tomografi

CT

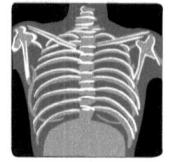

röntgen

røntgen

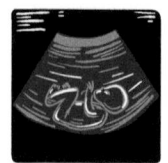

ultrason

ultralyd

yüz maskesi

maske

hastalık

sygdom

bekleme odası

venteværelse

koltuk değneği

krykke

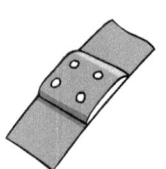

yara bandı

plaster

bandaj

forbinding

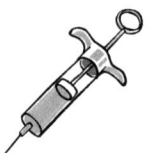

enjeksiyon

injektion

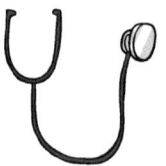

steteskop

stetoskop

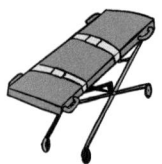

sedye

båre

tıbbi termometre

termometer

doğum

fødsel

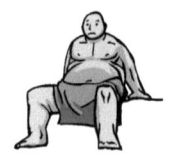

fazla kilo

overvægt

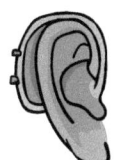

işitme cihazı

høreapparat

dezenfektan

desinficerende middel

enfeksiyon

infektion

virüs

virus

HIV / AIDS

HIV / AIDS

ilaç

medicin

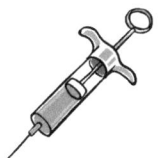

aşı

vaccination

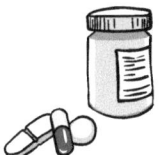

tablet

tabletter

hap

pille

acil çağrı

nødopkald

tansiyon aleti

blodtryksmåler

hasta / sağlıklı

syg / rask

İmdat!

Hjælp!

darp

overfald

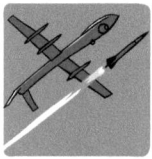

saldırı

angreb

tehlike

fare

acil çıkış

nødudgang

Yangın!

Det brænder!

yangın tüpü

ildslukker

kaza

uheld

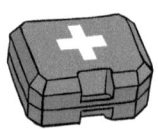

ilk yardım çantası

førstehjælps-kuffert

imdat

SOS

polis

politi

Avrupa

Europa

Kuzey Amerika

Nordamerika

Güney amerika

Sydamerika

Afrika

Afrika

Asya

Asien

Avustralya

Australien

Atlantik

Atlanterhavet

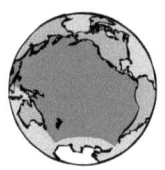

Pasifik

Stillehavet

Hint Okyanusu

Indiske Ocean

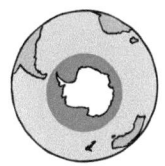

Antarktika Okyanusu

Sydlige Ishav

Arktik Okyanusu

Ishav

Kuzey Kutbu

Nordpol

Güney Kutbu

Sydpol

Antarktika

Antarktis

dünya

Jorden

kara

land

deniz

hav

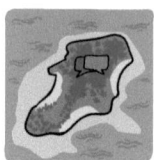

ada

ø

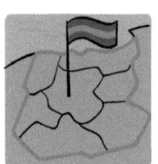

ulus

nation

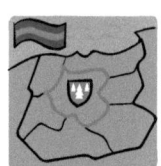

ülke

stat

kadran
urskive

akrep
timeviser

yelkovan
minutviser

saniye ibresi
sekundviser

Saat kaç?
Hvad er klokken?

gün
dag

zaman
tid

şimdi
nu

dijital saat
digitalur

dakika
minut

saat
time

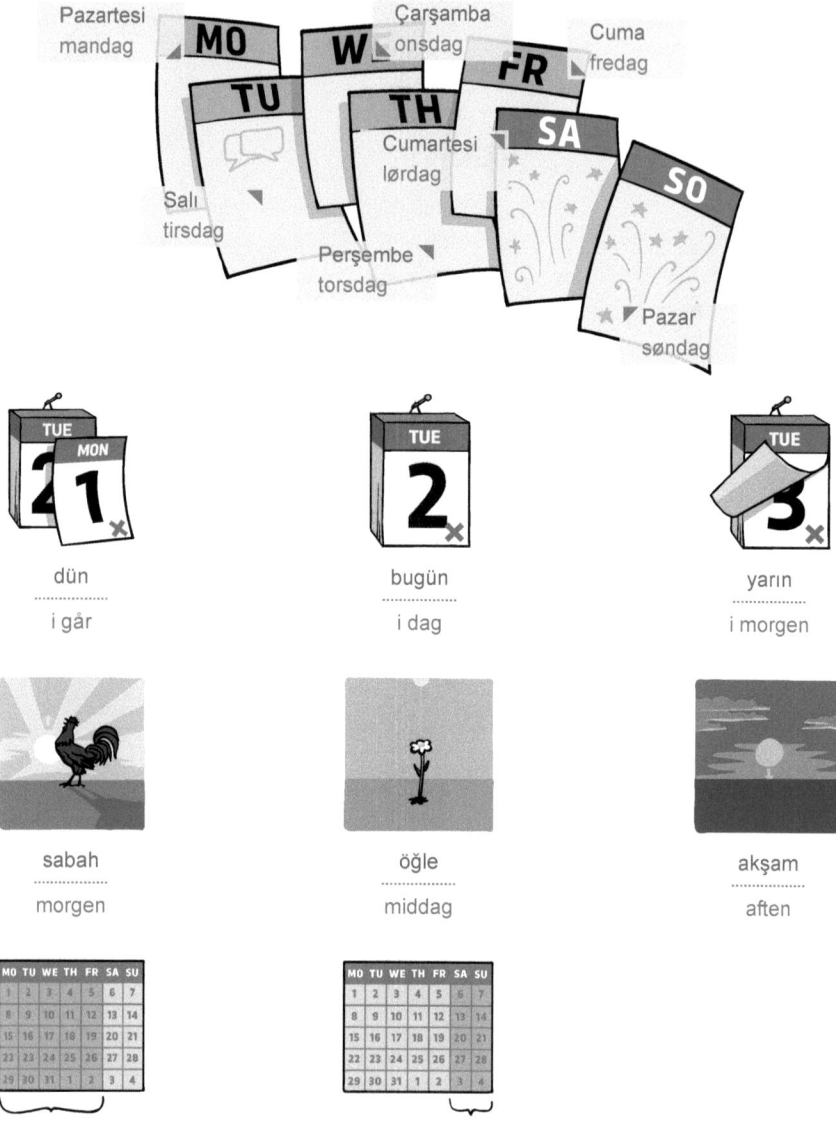

Pazartesi
mandag

Çarşamba
onsdag

Cuma
fredag

Salı
tirsdag

Cumartesi
lørdag

Perşembe
torsdag

Pazar
søndag

dün	bugün	yarın
i går	i dag	i morgen

sabah	öğle	akşam
morgen	middag	aften

iş günleri	hafta sonu
arbejdsdage	weekend

yıl
år

yağmur
regn
gökkuşağı
regnbue
rüzgar
vind
kara
sne
bahar
forår
sonbahar
efterår
yaz
sommer
kış
vinter

4.APRIL 11°
5.APRIL 4°
6.APRIL 13°
7.APRIL 8°
8.APRIL 10°

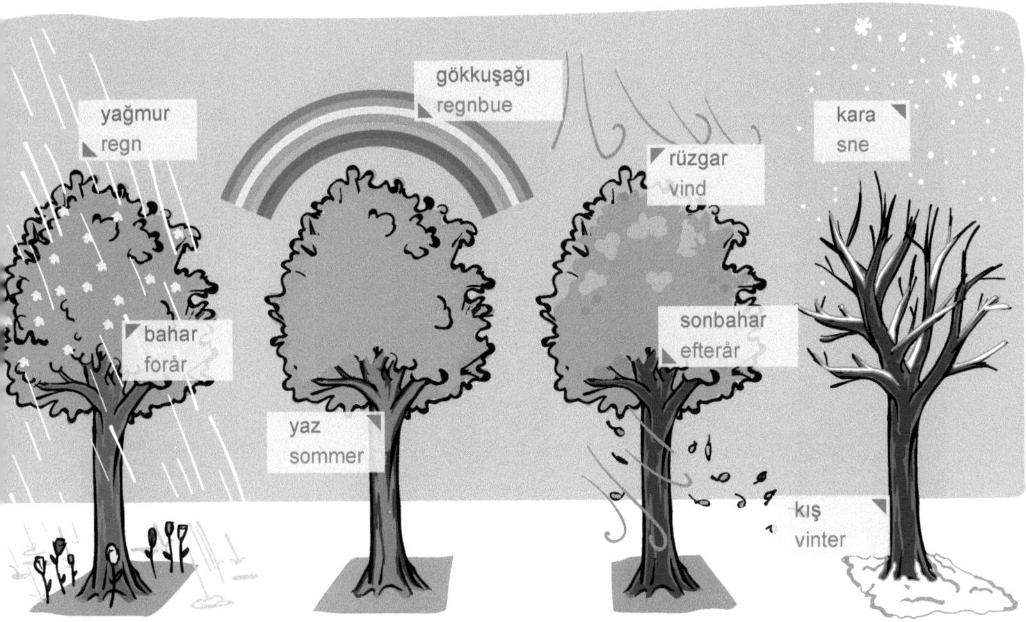

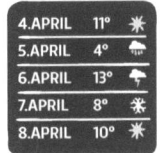

hava durumu tahmini

vejrudsigt

F C
120 90 60 30 0 -30
40 30 20 10 0 -10 -20

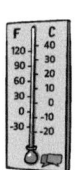

termometre

termometer

güneş ışığı

solskin

bulut

sky

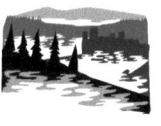

sis

tåge

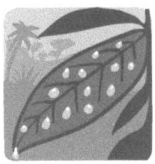

nem

luftfugtighed

şimşek
lyn

gök gürültüsü
torden

fırtına
storm

dolu
hagl

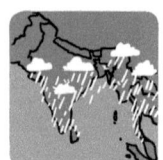

muson
monsun

sel
flod

buz
is

Ocak
januar

Şubat
februar

Mart
marts

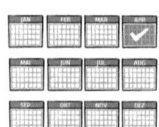

Nisan
april

Mayıs
maj

Haziran
juni

Temmuz
juli

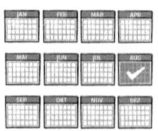

Ağustos
august

yıl - år

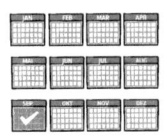

Eylül
....
september

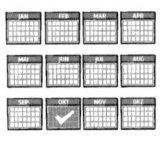

Ekim
....
oktober

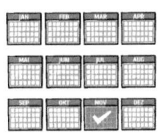

Kasım
....
november

Aralık
....
december

daire
....
cirkel

kare
....
kvadrat

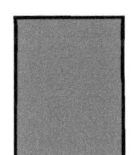

dikdörtgen
....
firkant

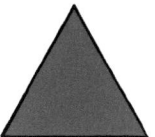

üçgen
....
trekant

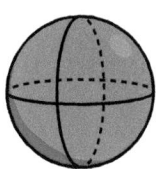

küre
....
kugle

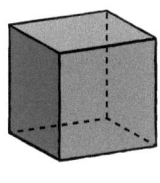

küp
....
terning

renkler
farver

beyaz

hvid

sarı

gul

turuncu

orange

pembe

pink

kırmızı

rød

mor

lilla

mavi

blå

yeşil

grøn

kahverengi

brun

gri

grå

siyah

sort

çok / az

meget / lidt

kızgın / sakin

rasende / fredelig

güzel / çirkin

smuk / grim

başlangıç / son

begyndelse / slut

büyük / küçük

stor / lille

parlak / karanlık

lys / mørk

erkek kardeş / kız kardeş

bror / søster

temiz / kirli

ren / snavset

tamam / eksik

fuldkommen / ufuldkommen

gün / gece

dag / nat

ölü / canlı

død / levende

geniş / dar

bred / smal

yenilebilir / yenilemez

spiselig / uspiselig

kötü / iyi

vred / venlig

heyecanlı / sıkılmış

ophidset / kedet

şişman / zayıf

tyk / tynd

ilk / son

først / sidst

dost / düşman

ven / fjende

dolu / boş

fuld / tom

sert / yumuşak

hård / blød

ağır / hafif

tung / let

açlık / susuzluk

sult / tørst

hasta / sağlıklı

syg / rask

yasa dışı / yasal

illegal / legal

zeki / aptal

intelligent / dum

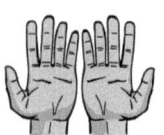

sol / sağ

venstre / højre

yakın / uzak

nær / fjern

zıt anlamlılar - modsætninger

yeni / kullanılmış

ny / brugt

hiçbir şey / bir şey

intet / noget

yaşlı / genç

gammel / ung

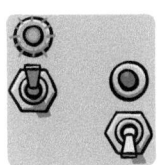

açma / kapama

tændt / slukket

açık / kapalı

åben / lukket

sessiz / gürültülü

stille / højt

zengin / fakir

rig / fattig

doğru / yanlış

rigtig / forkert

pürüzlü / düz

ru / glat

üzgün / mutlu

ked af det / lykkelig

kısa / uzun

kort / lang

yavaş / hızlı

langsom / hurtig

ıslak / kuru

våd / tør

sıcak / serin

varm / kold

savaş / barış

krig / fred

sayılar

tal

0

sıfır

nul

1

bir

en

2

iki

to

3

üç

tre

4

dört

fire

5

beş

fem

6

altı

seks

7

yedi

syv

8

sekiz

otte

9

dokuz

ni

10

on

ti

11

on bir

elleve

12

on iki

tolv

13

on üç

tretten

14

on dört

fjorten

15

on beş

femten

16

on altı

seksten

17

on yedi

sytten

18

on sekiz

atten

19

on dokuz

nitten

20

yirmi

tyve

100

yüz

hundrede

1.000

bin

tusinde

1.000.000

milyon

million

İngilizce

engelsk

Amerikan İngilizcesi

amerikansk engelsk

Çince (Mandarin)

kinesisk mandarin

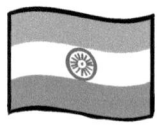

Hintçe

hindi

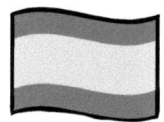

İspanyolca

spansk

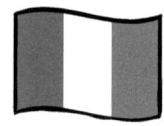

Fransızca

fransk

Arapça

arabisk

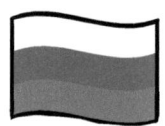

Rusça

russisk

Portekizce

portugisisk

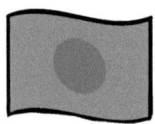

Bengalce

bengalsk

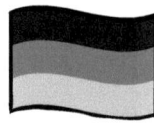

Almanca

tysk

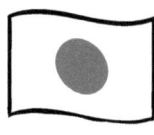

Japonca

japansk

ben

jeg

sen

du

o

han / hun / den / det

biz

vi

siz

I

onlar

de

kim?

hvem?

ne?

hvad?

nasıl?

hvordan?

nerede?

hvor?

ne zaman?

hvornår?

isim

navn

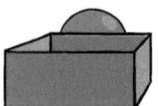

arkasında

bag

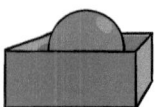

içinde

i

önünde

foran

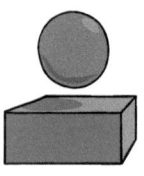

üzerinde

over

üstünde

på

altında

under

yanında

ved siden af

arasında

imellem

yer

sted